THIS BOOK BELONGS TO:

_____

Week starting _____

Time		Monday	Tuesday	Wednesday	Thursday
8					
	15				
	30				
	45				
9					
	15				
	30				
	45				
10					
	15				
	30				
	45				
11					
	15				
	30				
	45				
12					
	15				
	30				
	45				
13					
	15				
	30				
	45				
14					
	15				
	30				
	45				
15					
	15				
	30				
	45				
16					
	15				
	30				
	45				
17					
	15				
	30				
	45				
18					

Week starting _____

Time	Friday	Saturday	Sunday	Notes
8				
15				
30				
45				
9				
15				
30				
45				
10				
15				
30				
45				
11				
15				
30				
45				
12				
15				
30				
45				
13				
15				
30				
45				
14				
15				
30				
45				
15				
15				
30				
45				
16				
15				
30				
45				
17				
15				
30				
45				
18				

Week starting _____

Time	Monday	Tuesday	Wednesday	Thursday
8				
15				
30				
45				
9				
15				
30				
45				
10				
15				
30				
45				
11				
15				
30				
45				
12				
15				
30				
45				
13				
15				
30				
45				
14				
15				
30				
45				
15				
15				
30				
45				
16				
15				
30				
45				
17				
15				
30				
45				
18				

Week starting _____

Time	Friday	Saturday	Sunday	Notes
8				
15				
30				
45				
9				
15				
30				
45				
10				
15				
30				
45				
11				
15				
30				
45				
12				
15				
30				
45				
13				
15				
30				
45				
14				
15				
30				
45				
15				
15				
30				
45				
16				
15				
30				
45				
17				
15				
30				
45				
18				

Week starting _____

Time	Monday	Tuesday	Wednesday	Thursday
8				
15				
30				
45				
9				
15				
30				
45				
10				
15				
30				
45				
11				
15				
30				
45				
12				
15				
30				
45				
13				
15				
30				
45				
14				
15				
30				
45				
15				
15				
30				
45				
16				
15				
30				
45				
17				
15				
30				
45				
18				

Time	Friday	Saturday	Sunday	Notes
15				
30				
45				
15				
30				
45				
10				
15				
30				
45				
11				
15				
30				
45				
12				
15				
30				
45				
13				
15				
30				
45				
14				
15				
30				
45				
15				
15				
30				
45				
16				
15				
30				
45				
17				
15				
30				
45				
18				

Week starting _____

Week starting _____

Time		Monday	Tuesday	Wednesday	Thursday
8					
	15				
	30				
	45				
9					
	15				
	30				
	45				
10					
	15				
	30				
	45				
11					
	15				
	30				
	45				
12					
	15				
	30				
	45				
13					
	15				
	30				
	45				
14					
	15				
	30				
	45				
15					
	15				
	30				
	45				
16					
	15				
	30				
	45				
17					
	15				
	30				
	45				
18					

Week starting _____

Time	Friday	Saturday	Sunday	Notes
8				
15				
30				
45				
9				
15				
30				
45				
10				
15				
30				
45				
11				
15				
30				
45				
12				
15				
30				
45				
13				
15				
30				
45				
14				
15				
30				
45				
15				
15				
30				
45				
16				
15				
30				
45				
17				
15				
30				
45				
18				

Week starting _____

Time	Monday	Tuesday	Wednesday	Thursday
8				
15				
30				
45				
9				
15				
30				
45				
10				
15				
30				
45				
11				
15				
30				
45				
12				
15				
30				
45				
13				
15				
30				
45				
14				
15				
30				
45				
15				
15				
30				
45				
16				
15				
30				
45				
17				
15				
30				
45				
18				

Week starting _____

Time	Friday	Saturday	Sunday	Notes
8				
15				
30				
45				
9				
15				
30				
45				
10				
15				
30				
45				
11				
15				
30				
45				
12				
15				
30				
45				
13				
15				
30				
45				
14				
15				
30				
45				
15				
15				
30				
45				
16				
15				
30				
45				
17				
15				
30				
45				
18				

Week starting _____

Time	Monday	Tuesday	Wednesday	Thursday
8				
15				
30				
45				
9				
15				
30				
45				
10				
15				
30				
45				
11				
15				
30				
45				
12				
15				
30				
45				
13				
15				
30				
45				
14				
15				
30				
45				
15				
15				
30				
45				
16				
15				
30				
45				
17				
15				
30				
45				
18				

Week starting _____

Time	Friday	Saturday	Sunday	Notes
15				
30				
45				
15				
30				
45				
10				
15				
30				
45				
11				
15				
30				
45				
12				
15				
30				
45				
13				
15				
30				
45				
14				
15				
30				
45				
15				
15				
30				
45				
16				
15				
30				
45				
17				
15				
30				
45				
18				

Week starting _____

Time	Monday	Tuesday	Wednesday	Thursday
8				
15				
30				
45				
9				
15				
30				
45				
10				
15				
30				
45				
11				
15				
30				
45				
12				
15				
30				
45				
13				
15				
30				
45				
14				
15				
30				
45				
15				
15				
30				
45				
16				
15				
30				
45				
17				
15				
30				
45				
18				

Week starting _____

Time	Friday	Saturday	Sunday	Notes
8				
15				
30				
45				
9				
15				
30				
45				
10				
15				
30				
45				
11				
15				
30				
45				
12				
15				
30				
45				
13				
15				
30				
45				
14				
15				
30				
45				
15				
15				
30				
45				
16				
15				
30				
45				
17				
15				
30				
45				
18				

Week starting _____

Time	Monday	Tuesday	Wednesday	Thursday
8				
15				
30				
45				
9				
15				
30				
45				
10				
15				
30				
45				
11				
15				
30				
45				
12				
15				
30				
45				
13				
15				
30				
45				
14				
15				
30				
45				
15				
15				
30				
45				
16				
15				
30				
45				
17				
15				
30				
45				
18				

Week starting _____

Time	Friday	Saturday	Sunday	Notes
8				
15				
30				
45				
9				
15				
30				
45				
10				
15				
30				
45				
11				
15				
30				
45				
12				
15				
30				
45				
13				
15				
30				
45				
14				
15				
30				
45				
15				
15				
30				
45				
16				
15				
30				
45				
17				
15				
30				
45				
18				

Week starting _____

Time	Monday	Tuesday	Wednesday	Thursday
8				
15				
30				
45				
9				
15				
30				
45				
10				
15				
30				
45				
11				
15				
30				
45				
12				
15				
30				
45				
13				
15				
30				
45				
14				
15				
30				
45				
15				
15				
30				
45				
16				
15				
30				
45				
17				
15				
30				
45				
18				

Week starting _____

Time		Friday	Saturday	Sunday	Notes
	15				
	30				
	45				
	15				
	30				
	45				
10					
	15				
	30				
	45				
11					
	15				
	30				
	45				
12					
	15				
	30				
	45				
13					
	15				
	30				
	45				
14					
	15				
	30				
	45				
15					
	15				
	30				
	45				
16					
	15				
	30				
	45				
17					
	15				
	30				
	45				
18					

Week starting _____

Time		Monday	Tuesday	Wednesday	Thursday
8					
	15				
	30				
	45				
9					
	15				
	30				
	45				
10					
	15				
	30				
	45				
11					
	15				
	30				
	45				
12					
	15				
	30				
	45				
13					
	15				
	30				
	45				
14					
	15				
	30				
	45				
15					
	15				
	30				
	45				
16					
	15				
	30				
	45				
17					
	15				
	30				
	45				
18					

Week starting _____

Time	Friday	Saturday	Sunday	Notes
8				
15				
30				
45				
9				
15				
30				
45				
10				
15				
30				
45				
11				
15				
30				
45				
12				
15				
30				
45				
13				
15				
30				
45				
14				
15				
30				
45				
15				
15				
30				
45				
16				
15				
30				
45				
17				
15				
30				
45				
18				

Week starting _____

Time		Monday	Tuesday	Wednesday	Thursday
8					
	15				
	30				
	45				
9					
	15				
	30				
	45				
10					
	15				
	30				
	45				
11					
	15				
	30				
	45				
12					
	15				
	30				
	45				
13					
	15				
	30				
	45				
14					
	15				
	30				
	45				
15					
	15				
	30				
	45				
16					
	15				
	30				
	45				
17					
	15				
	30				
	45				
18					

Week starting _____

Time	Friday	Saturday	Sunday	Notes
8				
15				
30				
45				
9				
15				
30				
45				
10				
15				
30				
45				
11				
15				
30				
45				
12				
15				
30				
45				
13				
15				
30				
45				
14				
15				
30				
45				
15				
15				
30				
45				
16				
15				
30				
45				
17				
15				
30				
45				
18				

Week starting _____

Time		Monday	Tuesday	Wednesday	Thursday
8					
	15				
	30				
	45				
9					
	15				
	30				
	45				
10					
	15				
	30				
	45				
11					
	15				
	30				
	45				
12					
	15				
	30				
	45				
13					
	15				
	30				
	45				
14					
	15				
	30				
	45				
15					
	15				
	30				
	45				
16					
	15				
	30				
	45				
17					
	15				
	30				
	45				
18					

Week starting _____

Time	Friday	Saturday	Sunday	Notes
15				
30				
45				
15				
30				
45				
10				
15				
30				
45				
11				
15				
30				
45				
12				
15				
30				
45				
13				
15				
30				
45				
14				
15				
30				
45				
15				
15				
30				
45				
16				
15				
30				
45				
17				
15				
30				
45				
18				

Week starting _____

Time		Monday	Tuesday	Wednesday	Thursday
8					
	15				
	30				
	45				
9					
	15				
	30				
	45				
10					
	15				
	30				
	45				
11					
	15				
	30				
	45				
12					
	15				
	30				
	45				
13					
	15				
	30				
	45				
14					
	15				
	30				
	45				
15					
	15				
	30				
	45				
16					
	15				
	30				
	45				
17					
	15				
	30				
	45				
18					

Week starting _____

Time	Friday	Saturday	Sunday	Notes
8				
15				
30				
45				
9				
15				
30				
45				
10				
15				
30				
45				
11				
15				
30				
45				
12				
15				
30				
45				
13				
15				
30				
45				
14				
15				
30				
45				
15				
15				
30				
45				
16				
15				
30				
45				
17				
15				
30				
45				
18				

Week starting _____

Time	Monday	Tuesday	Wednesday	Thursday
8				
15				
30				
45				
9				
15				
30				
45				
10				
15				
30				
45				
11				
15				
30				
45				
12				
15				
30				
45				
13				
15				
30				
45				
14				
15				
30				
45				
15				
15				
30				
45				
16				
15				
30				
45				
17				
15				
30				
45				
18				

Week starting _____

Time	Friday	Saturday	Sunday	Notes
8				
15				
30				
45				
9				
15				
30				
45				
10				
15				
30				
45				
11				
15				
30				
45				
12				
15				
30				
45				
13				
15				
30				
45				
14				
15				
30				
45				
15				
15				
30				
45				
16				
15				
30				
45				
17				
15				
30				
45				
18				

Week starting _____

Time		Monday	Tuesday	Wednesday	Thursday
8					
	15				
	30				
	45				
9					
	15				
	30				
	45				
10					
	15				
	30				
	45				
11					
	15				
	30				
	45				
12					
	15				
	30				
	45				
13					
	15				
	30				
	45				
14					
	15				
	30				
	45				
15					
	15				
	30				
	45				
16					
	15				
	30				
	45				
17					
	15				
	30				
	45				
18					

Time	Friday	Saturday	Sunday	Notes
15				
30				
45				
15				
30				
45				
10				
15				
30				
45				
11				
15				
30				
45				
12				
15				
30				
45				
13				
15				
30				
45				
14				
15				
30				
45				
15				
15				
30				
45				
16				
15				
30				
45				
17				
15				
30				
45				
18				

Week starting _____

Week starting _____

Time		Monday	Tuesday	Wednesday	Thursday
8					
	15				
	30				
	45				
9					
	15				
	30				
	45				
10					
	15				
	30				
	45				
11					
	15				
	30				
	45				
12					
	15				
	30				
	45				
13					
	15				
	30				
	45				
14					
	15				
	30				
	45				
15					
	15				
	30				
	45				
16					
	15				
	30				
	45				
17					
	15				
	30				
	45				
18					

Week starting _____

Time	Friday	Saturday	Sunday	Notes
8				
15				
30				
45				
9				
15				
30				
45				
10				
15				
30				
45				
11				
15				
30				
45				
12				
15				
30				
45				
13				
15				
30				
45				
14				
15				
30				
45				
15				
15				
30				
45				
16				
15				
30				
45				
17				
15				
30				
45				
18				

Week starting _____

Time	Monday	Tuesday	Wednesday	Thursday
8				
15				
30				
45				
9				
15				
30				
45				
10				
15				
30				
45				
11				
15				
30				
45				
12				
15				
30				
45				
13				
15				
30				
45				
14				
15				
30				
45				
15				
15				
30				
45				
16				
15				
30				
45				
17				
15				
30				
45				
18				

Week starting _____

Time	Friday	Saturday	Sunday	Notes
8				
15				
30				
45				
9				
15				
30				
45				
10				
15				
30				
45				
11				
15				
30				
45				
12				
15				
30				
45				
13				
15				
30				
45				
14				
15				
30				
45				
15				
15				
30				
45				
16				
15				
30				
45				
17				
15				
30				
45				
18				

Week starting _____

Time	Monday	Tuesday	Wednesday	Thursday
8				
15				
30				
45				
9				
15				
30				
45				
10				
15				
30				
45				
11				
15				
30				
45				
12				
15				
30				
45				
13				
15				
30				
45				
14				
15				
30				
45				
15				
15				
30				
45				
16				
15				
30				
45				
17				
15				
30				
45				
18				

Week starting _____

Time	Friday	Saturday	Sunday	Notes
15				
30				
45				
15				
30				
45				
10				
15				
30				
45				
11				
15				
30				
45				
12				
15				
30				
45				
13				
15				
30				
45				
14				
15				
30				
45				
15				
15				
30				
45				
16				
15				
30				
45				
17				
15				
30				
45				
18				

Week starting _____

Time		Monday	Tuesday	Wednesday	Thursday
8					
	15				
	30				
	45				
9					
	15				
	30				
	45				
10					
	15				
	30				
	45				
11					
	15				
	30				
	45				
12					
	15				
	30				
	45				
13					
	15				
	30				
	45				
14					
	15				
	30				
	45				
15					
	15				
	30				
	45				
16					
	15				
	30				
	45				
17					
	15				
	30				
	45				
18					

Week starting _____

Time	Friday	Saturday	Sunday	Notes
8				
15				
30				
45				
9				
15				
30				
45				
10				
15				
30				
45				
11				
15				
30				
45				
12				
15				
30				
45				
13				
15				
30				
45				
14				
15				
30				
45				
15				
15				
30				
45				
16				
15				
30				
45				
17				
15				
30				
45				
18				

Week starting _____

Time	Monday	Tuesday	Wednesday	Thursday
8				
15				
30				
45				
9				
15				
30				
45				
10				
15				
30				
45				
11				
15				
30				
45				
12				
15				
30				
45				
13				
15				
30				
45				
14				
15				
30				
45				
15				
15				
30				
45				
16				
15				
30				
45				
17				
15				
30				
45				
18				

Week starting _____

Time	Friday	Saturday	Sunday	Notes
8				
15				
30				
45				
9				
15				
30				
45				
10				
15				
30				
45				
11				
15				
30				
45				
12				
15				
30				
45				
13				
15				
30				
45				
14				
15				
30				
45				
15				
15				
30				
45				
16				
15				
30				
45				
17				
15				
30				
45				
18				

Week starting _____

Time	Monday	Tuesday	Wednesday	Thursday
8				
15				
30				
45				
9				
15				
30				
45				
10				
15				
30				
45				
11				
15				
30				
45				
12				
15				
30				
45				
13				
15				
30				
45				
14				
15				
30				
45				
15				
15				
30				
45				
16				
15				
30				
45				
17				
15				
30				
45				
18				

Week starting _____

Time	Friday	Saturday	Sunday	Notes
15				
30				
45				
15				
30				
45				
10				
15				
30				
45				
11				
15				
30				
45				
12				
15				
30				
45				
13				
15				
30				
45				
14				
15				
30				
45				
15				
15				
30				
45				
16				
15				
30				
45				
17				
15				
30				
45				
18				

Week starting _____

Time		Monday	Tuesday	Wednesday	Thursday
8					
	15				
	30				
	45				
9					
	15				
	30				
	45				
10					
	15				
	30				
	45				
11					
	15				
	30				
	45				
12					
	15				
	30				
	45				
13					
	15				
	30				
	45				
14					
	15				
	30				
	45				
15					
	15				
	30				
	45				
16					
	15				
	30				
	45				
17					
	15				
	30				
	45				
18					

Week starting _____

Time	Friday	Saturday	Sunday	Notes
8				
15				
30				
45				
9				
15				
30				
45				
10				
15				
30				
45				
11				
15				
30				
45				
12				
15				
30				
45				
13				
15				
30				
45				
14				
15				
30				
45				
15				
15				
30				
45				
16				
15				
30				
45				
17				
15				
30				
45				
18				

Week starting _____

Time	Monday	Tuesday	Wednesday	Thursday
8				
15				
30				
45				
9				
15				
30				
45				
10				
15				
30				
45				
11				
15				
30				
45				
12				
15				
30				
45				
13				
15				
30				
45				
14				
15				
30				
45				
15				
15				
30				
45				
16				
15				
30				
45				
17				
15				
30				
45				
18				

Week starting _____

Time	Friday	Saturday	Sunday	Notes
8				
15				
30				
45				
9				
15				
30				
45				
10				
15				
30				
45				
11				
15				
30				
45				
12				
15				
30				
45				
13				
15				
30				
45				
14				
15				
30				
45				
15				
15				
30				
45				
16				
15				
30				
45				
17				
15				
30				
45				
18				

Week starting _____

Time	Monday	Tuesday	Wednesday	Thursday
8				
15				
30				
45				
9				
15				
30				
45				
10				
15				
30				
45				
11				
15				
30				
45				
12				
15				
30				
45				
13				
15				
30				
45				
14				
15				
30				
45				
15				
15				
30				
45				
16				
15				
30				
45				
17				
15				
30				
45				
18				

Week starting _____

Time	Friday	Saturday	Sunday	Notes
15				
30				
45				
15				
30				
45				
10				
15				
30				
45				
11				
15				
30				
45				
12				
15				
30				
45				
13				
15				
30				
45				
14				
15				
30				
45				
15				
15				
30				
45				
16				
15				
30				
45				
17				
15				
30				
45				
18				

Week starting _____

Time		Monday	Tuesday	Wednesday	Thursday
8					
	15				
	30				
	45				
9					
	15				
	30				
	45				
10					
	15				
	30				
	45				
11					
	15				
	30				
	45				
12					
	15				
	30				
	45				
13					
	15				
	30				
	45				
14					
	15				
	30				
	45				
15					
	15				
	30				
	45				
16					
	15				
	30				
	45				
17					
	15				
	30				
	45				
18					

Week starting _____

Time	Friday	Saturday	Sunday	Notes
8				
15				
30				
45				
9				
15				
30				
45				
10				
15				
30				
45				
11				
15				
30				
45				
12				
15				
30				
45				
13				
15				
30				
45				
14				
15				
30				
45				
15				
15				
30				
45				
16				
15				
30				
45				
17				
15				
30				
45				
18				

Week starting _____

Time	Monday	Tuesday	Wednesday	Thursday
8				
15				
30				
45				
9				
15				
30				
45				
10				
15				
30				
45				
11				
15				
30				
45				
12				
15				
30				
45				
13				
15				
30				
45				
14				
15				
30				
45				
15				
15				
30				
45				
16				
15				
30				
45				
17				
15				
30				
45				
18				

Week starting _____

Time	Friday	Saturday	Sunday	Notes
8				
15				
30				
45				
9				
15				
30				
45				
10				
15				
30				
45				
11				
15				
30				
45				
12				
15				
30				
45				
13				
15				
30				
45				
14				
15				
30				
45				
15				
15				
30				
45				
16				
15				
30				
45				
17				
15				
30				
45				
18				

Week starting _____

Time	Monday	Tuesday	Wednesday	Thursday
8				
15				
30				
45				
9				
15				
30				
45				
10				
15				
30				
45				
11				
15				
30				
45				
12				
15				
30				
45				
13				
15				
30				
45				
14				
15				
30				
45				
15				
15				
30				
45				
16				
15				
30				
45				
17				
15				
30				
45				
18				

Week starting _____

Time	Friday	Saturday	Sunday	Notes
15				
30				
45				
15				
30				
45				
10				
15				
30				
45				
11				
15				
30				
45				
12				
15				
30				
45				
13				
15				
30				
45				
14				
15				
30				
45				
15				
15				
30				
45				
16				
15				
30				
45				
17				
15				
30				
45				
18				

Week starting _____

Time		Monday	Tuesday	Wednesday	Thursday
8					
	15				
	30				
	45				
9					
	15				
	30				
	45				
10					
	15				
	30				
	45				
11					
	15				
	30				
	45				
12					
	15				
	30				
	45				
13					
	15				
	30				
	45				
14					
	15				
	30				
	45				
15					
	15				
	30				
	45				
16					
	15				
	30				
	45				
17					
	15				
	30				
	45				
18					

Week starting _____

Time	Friday	Saturday	Sunday	Notes
8				
15				
30				
45				
9				
15				
30				
45				
10				
15				
30				
45				
11				
15				
30				
45				
12				
15				
30				
45				
13				
15				
30				
45				
14				
15				
30				
45				
15				
15				
30				
45				
16				
15				
30				
45				
17				
15				
30				
45				
18				

Week starting _____

Time	Monday	Tuesday	Wednesday	Thursday
8				
15				
30				
45				
9				
15				
30				
45				
10				
15				
30				
45				
11				
15				
30				
45				
12				
15				
30				
45				
13				
15				
30				
45				
14				
15				
30				
45				
15				
15				
30				
45				
16				
15				
30				
45				
17				
15				
30				
45				
18				

Week starting _____

Time	Friday	Saturday	Sunday	Notes
8				
15				
30				
45				
9				
15				
30				
45				
10				
15				
30				
45				
11				
15				
30				
45				
12				
15				
30				
45				
13				
15				
30				
45				
14				
15				
30				
45				
15				
15				
30				
45				
16				
15				
30				
45				
17				
15				
30				
45				
18				

Week starting _____

Time	Monday	Tuesday	Wednesday	Thursday
8				
15				
30				
45				
9				
15				
30				
45				
10				
15				
30				
45				
11				
15				
30				
45				
12				
15				
30				
45				
13				
15				
30				
45				
14				
15				
30				
45				
15				
15				
30				
45				
16				
15				
30				
45				
17				
15				
30				
45				
18				

Week starting _____

Time	Friday	Saturday	Sunday	Notes
15				
30				
45				
15				
30				
45				
10				
15				
30				
45				
11				
15				
30				
45				
12				
15				
30				
45				
13				
15				
30				
45				
14				
15				
30				
45				
15				
15				
30				
45				
16				
15				
30				
45				
17				
15				
30				
45				
18				

Week starting _____

Time		Monday	Tuesday	Wednesday	Thursday
8					
	15				
	30				
	45				
9					
	15				
	30				
	45				
10					
	15				
	30				
	45				
11					
	15				
	30				
	45				
12					
	15				
	30				
	45				
13					
	15				
	30				
	45				
14					
	15				
	30				
	45				
15					
	15				
	30				
	45				
16					
	15				
	30				
	45				
17					
	15				
	30				
	45				
18					

Week starting _____

Time	Friday	Saturday	Sunday	Notes
8				
15				
30				
45				
9				
15				
30				
45				
10				
15				
30				
45				
11				
15				
30				
45				
12				
15				
30				
45				
13				
15				
30				
45				
14				
15				
30				
45				
15				
15				
30				
45				
16				
15				
30				
45				
17				
15				
30				
45				
18				

Week starting _____

Time	Monday	Tuesday	Wednesday	Thursday
8				
15				
30				
45				
9				
15				
30				
45				
10				
15				
30				
45				
11				
15				
30				
45				
12				
15				
30				
45				
13				
15				
30				
45				
14				
15				
30				
45				
15				
15				
30				
45				
16				
15				
30				
45				
17				
15				
30				
45				
18				

Week starting _____

Time	Friday	Saturday	Sunday	Notes
8				
15				
30				
45				
9				
15				
30				
45				
10				
15				
30				
45				
11				
15				
30				
45				
12				
15				
30				
45				
13				
15				
30				
45				
14				
15				
30				
45				
15				
15				
30				
45				
16				
15				
30				
45				
17				
15				
30				
45				
18				

Week starting _____

Time	Monday	Tuesday	Wednesday	Thursday
8				
15				
30				
45				
9				
15				
30				
45				
10				
15				
30				
45				
11				
15				
30				
45				
12				
15				
30				
45				
13				
15				
30				
45				
14				
15				
30				
45				
15				
15				
30				
45				
16				
15				
30				
45				
17				
15				
30				
45				
18				

Week starting _____

Time	Friday	Saturday	Sunday	Notes
15				
30				
45				
15				
30				
45				
10				
15				
30				
45				
11				
15				
30				
45				
12				
15				
30				
45				
13				
15				
30				
45				
14				
15				
30				
45				
15				
15				
30				
45				
16				
15				
30				
45				
17				
15				
30				
45				
18				

Week starting _____

Time		Monday	Tuesday	Wednesday	Thursday
8					
	15				
	30				
	45				
9					
	15				
	30				
	45				
10					
	15				
	30				
	45				
11					
	15				
	30				
	45				
12					
	15				
	30				
	45				
13					
	15				
	30				
	45				
14					
	15				
	30				
	45				
15					
	15				
	30				
	45				
16					
	15				
	30				
	45				
17					
	15				
	30				
	45				
18					

Week starting _____

Time	Friday	Saturday	Sunday	Notes
8				
15				
30				
45				
9				
15				
30				
45				
10				
15				
30				
45				
11				
15				
30				
45				
12				
15				
30				
45				
13				
15				
30				
45				
14				
15				
30				
45				
15				
15				
30				
45				
16				
15				
30				
45				
17				
15				
30				
45				
18				

Week starting _____

Time	Monday	Tuesday	Wednesday	Thursday
8				
15				
30				
45				
9				
15				
30				
45				
10				
15				
30				
45				
11				
15				
30				
45				
12				
15				
30				
45				
13				
15				
30				
45				
14				
15				
30				
45				
15				
15				
30				
45				
16				
15				
30				
45				
17				
15				
30				
45				
18				

Week starting _____

Time	Friday	Saturday	Sunday	Notes
8				
15				
30				
45				
9				
15				
30				
45				
10				
15				
30				
45				
11				
15				
30				
45				
12				
15				
30				
45				
13				
15				
30				
45				
14				
15				
30				
45				
15				
15				
30				
45				
16				
15				
30				
45				
17				
15				
30				
45				
18				

Week starting _____

Time	Monday	Tuesday	Wednesday	Thursday
8				
15				
30				
45				
9				
15				
30				
45				
10				
15				
30				
45				
11				
15				
30				
45				
12				
15				
30				
45				
13				
15				
30				
45				
14				
15				
30				
45				
15				
15				
30				
45				
16				
15				
30				
45				
17				
15				
30				
45				
18				

Week starting _____

Time	Friday	Saturday	Sunday	Notes
15				
30				
45				
15				
30				
45				
10				
15				
30				
45				
11				
15				
30				
45				
12				
15				
30				
45				
13				
15				
30				
45				
14				
15				
30				
45				
15				
15				
30				
45				
16				
15				
30				
45				
17				
15				
30				
45				
18				

Week starting _____

Time		Monday	Tuesday	Wednesday	Thursday
8					
	15				
	30				
	45				
9					
	15				
	30				
	45				
10					
	15				
	30				
	45				
11					
	15				
	30				
	45				
12					
	15				
	30				
	45				
13					
	15				
	30				
	45				
14					
	15				
	30				
	45				
15					
	15				
	30				
	45				
16					
	15				
	30				
	45				
17					
	15				
	30				
	45				
18					

Week starting _____

Time	Friday	Saturday	Sunday	Notes
8				
15				
30				
45				
9				
15				
30				
45				
10				
15				
30				
45				
11				
15				
30				
45				
12				
15				
30				
45				
13				
15				
30				
45				
14				
15				
30				
45				
15				
15				
30				
45				
16				
15				
30				
45				
17				
15				
30				
45				
18				

Week starting _____

Time	Monday	Tuesday	Wednesday	Thursday
8				
15				
30				
45				
9				
15				
30				
45				
10				
15				
30				
45				
11				
15				
30				
45				
12				
15				
30				
45				
13				
15				
30				
45				
14				
15				
30				
45				
15				
15				
30				
45				
16				
15				
30				
45				
17				
15				
30				
45				
18				

Week starting _____

Time	Friday	Saturday	Sunday	Notes
8				
15				
30				
45				
9				
15				
30				
45				
10				
15				
30				
45				
11				
15				
30				
45				
12				
15				
30				
45				
13				
15				
30				
45				
14				
15				
30				
45				
15				
15				
30				
45				
16				
15				
30				
45				
17				
15				
30				
45				
18				

Week starting _____

Time		Monday	Tuesday	Wednesday	Thursday
8					
	15				
	30				
	45				
9					
	15				
	30				
	45				
10					
	15				
	30				
	45				
11					
	15				
	30				
	45				
12					
	15				
	30				
	45				
13					
	15				
	30				
	45				
14					
	15				
	30				
	45				
15					
	15				
	30				
	45				
16					
	15				
	30				
	45				
17					
	15				
	30				
	45				
18					

Week starting _____

Time	Friday	Saturday	Sunday	Notes
9				
15				
30				
45				
10				
15				
30				
45				
11				
15				
30				
45				
12				
15				
30				
45				
13				
15				
30				
45				
14				
15				
30				
45				
15				
15				
30				
45				
16				
15				
30				
45				
17				
15				
30				
45				
18				

Week starting _____

Time		Monday	Tuesday	Wednesday	Thursday
8					
	15				
	30				
	45				
9					
	15				
	30				
	45				
10					
	15				
	30				
	45				
11					
	15				
	30				
	45				
12					
	15				
	30				
	45				
13					
	15				
	30				
	45				
14					
	15				
	30				
	45				
15					
	15				
	30				
	45				
16					
	15				
	30				
	45				
17					
	15				
	30				
	45				
18					

Week starting _____

Time	Friday	Saturday	Sunday	Notes
8				
15				
30				
45				
9				
15				
30				
45				
10				
15				
30				
45				
11				
15				
30				
45				
12				
15				
30				
45				
13				
15				
30				
45				
14				
15				
30				
45				
15				
15				
30				
45				
16				
15				
30				
45				
17				
15				
30				
45				
18				

Week starting _____

Time	Monday	Tuesday	Wednesday	Thursday
8				
15				
30				
45				
9				
15				
30				
45				
10				
15				
30				
45				
11				
15				
30				
45				
12				
15				
30				
45				
13				
15				
30				
45				
14				
15				
30				
45				
15				
15				
30				
45				
16				
15				
30				
45				
17				
15				
30				
45				
18				

Week starting _____

Time	Friday	Saturday	Sunday	Notes
8				
15				
30				
45				
9				
15				
30				
45				
10				
15				
30				
45				
11				
15				
30				
45				
12				
15				
30				
45				
13				
15				
30				
45				
14				
15				
30				
45				
15				
15				
30				
45				
16				
15				
30				
45				
17				
15				
30				
45				
18				

Week starting _____

Time		Monday	Tuesday	Wednesday	Thursday
8					
	15				
	30				
	45				
9					
	15				
	30				
	45				
10					
	15				
	30				
	45				
11					
	15				
	30				
	45				
12					
	15				
	30				
	45				
13					
	15				
	30				
	45				
14					
	15				
	30				
	45				
15					
	15				
	30				
	45				
16					
	15				
	30				
	45				
17					
	15				
	30				
	45				
18					

Week starting _____

Time	Friday	Saturday	Sunday	Notes
8				
15				
30				
45				
9				
15				
30				
45				
10				
15				
30				
45				
11				
15				
30				
45				
12				
15				
30				
45				
13				
15				
30				
45				
14				
15				
30				
45				
15				
15				
30				
45				
16				
15				
30				
45				
17				
15				
30				
45				
18				

Week starting _____

Time	Monday	Tuesday	Wednesday	Thursday
8				
15				
30				
45				
9				
15				
30				
45				
10				
15				
30				
45				
11				
15				
30				
45				
12				
15				
30				
45				
13				
15				
30				
45				
14				
15				
30				
45				
15				
15				
30				
45				
16				
15				
30				
45				
17				
15				
30				
45				
18				

Week starting _____

Time	Friday	Saturday	Sunday	Notes
8				
15				
30				
45				
9				
15				
30				
45				
10				
15				
30				
45				
11				
15				
30				
45				
12				
15				
30				
45				
13				
15				
30				
45				
14				
15				
30				
45				
15				
15				
30				
45				
16				
15				
30				
45				
17				
15				
30				
45				
18				

Week starting _____

Time	Monday	Tuesday	Wednesday	Thursday
8				
15				
30				
45				
9				
15				
30				
45				
10				
15				
30				
45				
11				
15				
30				
45				
12				
15				
30				
45				
13				
15				
30				
45				
14				
15				
30				
45				
15				
15				
30				
45				
16				
15				
30				
45				
17				
15				
30				
45				
18				

Week starting _____

Time	Friday	Saturday	Sunday	Notes
8				
15				
30				
45				
9				
15				
30				
45				
10				
15				
30				
45				
11				
15				
30				
45				
12				
15				
30				
45				
13				
15				
30				
45				
14				
15				
30				
45				
15				
15				
30				
45				
16				
15				
30				
45				
17				
15				
30				
45				
18				

Week starting _____

Time	Monday	Tuesday	Wednesday	Thursday
8				
15				
30				
45				
9				
15				
30				
45				
10				
15				
30				
45				
11				
15				
30				
45				
12				
15				
30				
45				
13				
15				
30				
45				
14				
15				
30				
45				
15				
15				
30				
45				
16				
15				
30				
45				
17				
15				
30				
45				
18				

Week starting _____

Time	Friday	Saturday	Sunday	Notes
8				
15				
30				
45				
9				
15				
30				
45				
10				
15				
30				
45				
11				
15				
30				
45				
12				
15				
30				
45				
13				
15				
30				
45				
14				
15				
30				
45				
15				
15				
30				
45				
16				
15				
30				
45				
17				
15				
30				
45				
18				

Week starting _____

Time		Monday	Tuesday	Wednesday	Thursday
8					
	15				
	30				
	45				
9					
	15				
	30				
	45				
10					
	15				
	30				
	45				
11					
	15				
	30				
	45				
12					
	15				
	30				
	45				
13					
	15				
	30				
	45				
14					
	15				
	30				
	45				
15					
	15				
	30				
	45				
16					
	15				
	30				
	45				
17					
	15				
	30				
	45				
18					

Week starting _____

Time	Friday	Saturday	Sunday	Notes
8				
15				
30				
45				
9				
15				
30				
45				
10				
15				
30				
45				
11				
15				
30				
45				
12				
15				
30				
45				
13				
15				
30				
45				
14				
15				
30				
45				
15				
15				
30				
45				
16				
15				
30				
45				
17				
15				
30				
45				
18				

Week starting _____

Time	Monday	Tuesday	Wednesday	Thursday
8				
15				
30				
45				
9				
15				
30				
45				
10				
15				
30				
45				
11				
15				
30				
45				
12				
15				
30				
45				
13				
15				
30				
45				
14				
15				
30				
45				
15				
15				
30				
45				
16				
15				
30				
45				
17				
15				
30				
45				
18				

Week starting _____

Time	Friday	Saturday	Sunday	Notes
8				
15				
30				
45				
9				
15				
30				
45				
10				
15				
30				
45				
11				
15				
30				
45				
12				
15				
30				
45				
13				
15				
30				
45				
14				
15				
30				
45				
15				
15				
30				
45				
16				
15				
30				
45				
17				
15				
30				
45				
18				

Week starting _____

Time		Monday	Tuesday	Wednesday	Thursday
8					
	15				
	30				
	45				
9					
	15				
	30				
	45				
10					
	15				
	30				
	45				
11					
	15				
	30				
	45				
12					
	15				
	30				
	45				
13					
	15				
	30				
	45				
14					
	15				
	30				
	45				
15					
	15				
	30				
	45				
16					
	15				
	30				
	45				
17					
	15				
	30				
	45				
18					

Week starting _____

Time	Friday	Saturday	Sunday	Notes
8				
15				
30				
45				
9				
15				
30				
45				
10				
15				
30				
45				
11				
15				
30				
45				
12				
15				
30				
45				
13				
15				
30				
45				
14				
15				
30				
45				
15				
15				
30				
45				
16				
15				
30				
45				
17				
15				
30				
45				
18				

Week starting _____

Time		Monday	Tuesday	Wednesday	Thursday
8					
	15				
	30				
	45				
9					
	15				
	30				
	45				
10					
	15				
	30				
	45				
11					
	15				
	30				
	45				
12					
	15				
	30				
	45				
13					
	15				
	30				
	45				
14					
	15				
	30				
	45				
15					
	15				
	30				
	45				
16					
	15				
	30				
	45				
17					
	15				
	30				
	45				
18					

Week starting _____

Time	Friday	Saturday	Sunday	Notes
8				
15				
30				
45				
9				
15				
30				
45				
10				
15				
30				
45				
11				
15				
30				
45				
12				
15				
30				
45				
13				
15				
30				
45				
14				
15				
30				
45				
15				
15				
30				
45				
16				
15				
30				
45				
17				
15				
30				
45				
18				

Week starting _____

Time	Monday	Tuesday	Wednesday	Thursday
8				
15				
30				
45				
9				
15				
30				
45				
10				
15				
30				
45				
11				
15				
30				
45				
12				
15				
30				
45				
13				
15				
30				
45				
14				
15				
30				
45				
15				
15				
30				
45				
16				
15				
30				
45				
17				
15				
30				
45				
18				

Week starting _____

Time	Friday	Saturday	Sunday	Notes
8				
15				
30				
45				
9				
15				
30				
45				
10				
15				
30				
45				
11				
15				
30				
45				
12				
15				
30				
45				
13				
15				
30				
45				
14				
15				
30				
45				
15				
15				
30				
45				
16				
15				
30				
45				
17				
15				
30				
45				
18				

Week starting _____

Time		Monday	Tuesday	Wednesday	Thursday
8					
	15				
	30				
	45				
9					
	15				
	30				
	45				
10					
	15				
	30				
	45				
11					
	15				
	30				
	45				
12					
	15				
	30				
	45				
13					
	15				
	30				
	45				
14					
	15				
	30				
	45				
15					
	15				
	30				
	45				
16					
	15				
	30				
	45				
17					
	15				
	30				
	45				
18					

Week starting _____

Time	Friday	Saturday	Sunday	Notes
8				
15				
30				
45				
9				
15				
30				
45				
10				
15				
30				
45				
11				
15				
30				
45				
12				
15				
30				
45				
13				
15				
30				
45				
14				
15				
30				
45				
15				
15				
30				
45				
16				
15				
30				
45				
17				
15				
30				
45				
18				

Week starting _____

Time		Monday	Tuesday	Wednesday	Thursday
8					
	15				
	30				
	45				
9					
	15				
	30				
	45				
10					
	15				
	30				
	45				
11					
	15				
	30				
	45				
12					
	15				
	30				
	45				
13					
	15				
	30				
	45				
14					
	15				
	30				
	45				
15					
	15				
	30				
	45				
16					
	15				
	30				
	45				
17					
	15				
	30				
	45				
18					

Week starting _____

Time	Friday	Saturday	Sunday	Notes
8				
15				
30				
45				
9				
15				
30				
45				
10				
15				
30				
45				
11				
15				
30				
45				
12				
15				
30				
45				
13				
15				
30				
45				
14				
15				
30				
45				
15				
15				
30				
45				
16				
15				
30				
45				
17				
15				
30				
45				
18				

www.ingramcontent.com/pod-product-compliance
Lightning Source LLC
Chambersburg PA
CBHW070424220526
45466CB00004B/1534